Presentado a:

_____

De:

_____

Fecha:

_____

Jesús te llama®

La historia de Navidad

Sarah Young

Ilustrado por Katya Longhi

GRUPO NELSON
Desde 1798

Un agradecimiento especial a MacKenzie Howard por
su extenso trabajo en la configuración de este manuscrito.

© 2021 por Grupo Nelson
Publicado en Nashville, Tennessee, Estados Unidos de América.
Grupo Nelson es una marca registrada de Thomas Nelson.
www.gruponelson.com

Título en inglés: *Jesus Calling: The Story of Christmas*
© 2018 por Sarah Young
Publicado por Tommy Nelson, un sello de Thomas Nelson. Thomas Nelson es una
marca registrada de HarperCollins Christian Publishing, Inc.

A menos que se indique lo contrario, todas las citas bíblicas han sido tomadas de
la Nueva Biblia de las Américas © 2005 por The Lockman Foundation. Usada con
permiso, www.NuevaBiblia.com.

Las citas bíblicas marcadas «NTV» son de la Nueva Traducción Viviente, © Tyndale
House Foundation, 2010. Usada con permiso de Tyndale House Publishers, Inc., 351
Executive Dr., Carol Stream, IL 60188, Estados Unidos de América. Todos los derechos
reservados.

Editora en Jefe: *Graciela Lelli*
Traducción: *Gabriela De Francesco*
Adaptación del diseño al español: *Mauricio Diaz*

ISBN: 978-1-4002-3248-2

Impreso en Tailandia
21 22 23 24 25 SEA 9 8 7 6 5 4 3 2 1

Dedico este libro a mis nietos:
Elie, John, Caleb, Esther Grace, Joel y Lawrence.
Que ustedes, y todos los que lean este libro, puedan
conocer a Jesús como su salvador y amigo.

Cuando mis hijos eran pequeños, nuestra familia vivía en Japón donde no se celebraba la Navidad. La gente iba a trabajar y a la escuela como cualquier otro día. Esto en realidad nos ayudó a mantener en casa el énfasis sobre el nacimiento de Jesús. En Nochebuena, hacíamos un pastel de cumpleaños para Jesús. Después, la mañana de Navidad antes de abrir los regalos, mi esposo les leía a nuestros hijos la historia de Navidad. Más tarde, cantábamos «Que los cumplas feliz» a Jesús y comíamos el pastel que habíamos hecho para celebrar su nacimiento.

Ahora, tenemos seis nietos preciosos, y nos importa muchísimo su bienestar espiritual. En Occidente, la Navidad es un torbellino de fiestas y actividades. La atención se concentra en dar y recibir regalos, y a menudo, nos olvidamos de Jesús.

Este libro de Navidad para niños está diseñado para ayudarte a poner el énfasis sobre Jesús, no solo como un bebé en un pesebre, sino como nuestro Señor desde el principio y hasta el fin de los tiempos. Les mostrará a los niños que Dios siempre tuvo un plan para la Navidad, y que ese plan era Jesús.

Mi oración es que este libro te brinde una manera hermosa de enseñarles a los niños de tu vida acerca del verdadero significado de la Navidad: el nacimiento de Jesús, ¡nuestro Salvador que nos ama más de lo que podemos imaginar!

¡Les deseo a ti y a tu familia una Navidad maravillosa y significativa!

Sarah Young

[Cristo] es antes de todas las cosas, y en
Él todas las cosas permanecen.

—Colosenses 1.17

La historia de Navidad empezó hace mucho tiempo. Antes de que el ángel le dijera a María que iba a tener al Hijo de Dios. Antes de que los pastores vieran a los ángeles y de que los sabios vieran la estrella. Dios tenía un plan para la Navidad. Desde el principio del tiempo, ¡el plan de Dios era Jesús!

JESÚS TE LLAMA

Hice todas las cosas, incluso a ti. Mucho antes de que nacieras, pensé en ti y te amé.

... Dios anunció esa Buena Noticia a Abraham hace tiempo, cuando le dijo: «Todas las naciones serán bendecidas por medio de ti».

—Gálatas 3.8, NTV

«Cuenta las estrellas», le dijo Dios a Abraham. «¡Esa es la cantidad de hijos que saldrán de tu familia!».

Cuando Abraham y Sara eran muy ancianos, Dios les dio un hijito llamado Isaac. Después, Isaac tuvo un hijo, y el hijo de Isaac tuvo un hijo, hasta que la familia de Abraham creció hasta llegar a Jesús.

JESÚS TE LLAMA

¡Yo soy la luz del mundo! Todos los que confían en mí como Salvador son adoptados y entran a mi familia real para siempre.

Porque un Niño nos ha nacido, un Hijo nos ha sido dado, [...] y se llamará Su nombre Admirable Consejero, Dios Poderoso, Padre Eterno, Príncipe de Paz.

—Isaías 9.6

Los profetas hablaron sobre el Salvador que vendría al mundo a salvar a todos los que creen en Él.
Todo sucedió exactamente como ellos dijeron.

JESÚS TE LLAMA

Vine a salvar a todos los que confían en mí.
¡Nada puede cambiar este plan maravilloso!

«¡Miren! ¡La virgen concebirá un niño! Dará a luz un hijo, y lo
llamarán Emanuel, que significa "Dios está con nosotros"».

—Mateo 1.23, NTV

Los tiempos y las maneras de hacer las cosas de Dios siempre son perfectos. Dios eligió el momento justo para que Jesús viniera a la tierra. Y también escogió a los padres ideales.

Un ángel se le apareció a una jovencita llamada María.

«No tengas miedo, María —dijo Gabriel, el ángel de Dios—. Pronto, tendrás un bebé varón. Su nombre será Jesús. Nada es imposible para Dios».

JESÚS TE LLAMA

Recuerda que soy *Emanuel: Dios está con nosotros*. Alégrate porque vine al mundo y a tu vida.

«... no temas recibir a María tu mujer,
porque el Niño que se ha engendrado
en ella es del Espíritu Santo».
—Mateo 1.20

Un ángel del Señor se le apareció a José, el prometido de María, en un sueño. «José —le dijo el ángel—, no tengas miedo. Este bebé es del Espíritu Santo. Ponle por nombre Jesús, porque salvará al pueblo de sus pecados».

Cuando José se despertó, hizo exactamente lo que el ángel le había mandado.

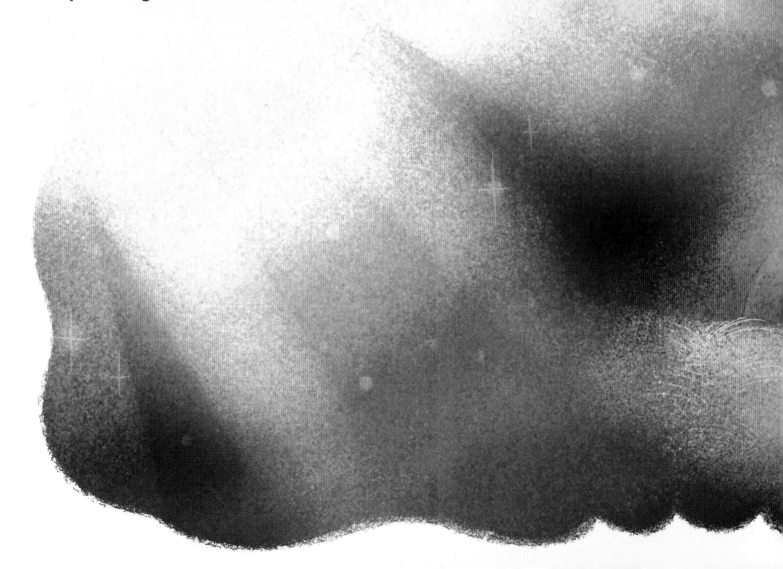

JESÚS TE LLAMA

Si pudieras ver con mis ojos, verías la manera maravillosa en la que te estoy cuidando. Quiero que vivas por fe, confiando en que estoy contigo y te amo.

«Yo envío a Mi mensajero,
y él preparará el camino delante de Mí».

—Malaquías 3.1

Elisabet, la prima de María, era muy anciana cuando un ángel le dijo a su esposo, Zacarías, que tendrían un hijo y que tenían que llamarlo Juan.

Juan se pasó toda la vida mostrándoles a los demás que había una sola persona que podía perdonarlos de sus pecados y llevarlos al cielo.

Esa persona era Jesús.

JESÚS TE LLAMA

Dios envió a Juan para contarles a las personas cómo prepararse para mi venida. Mi Padre en el cielo me envió a salvarte de tus pecados.

Y dio a luz a su Hijo primogénito;
lo envolvió en pañales y lo acostó en un pesebre,
porque no había lugar para ellos en el mesón.

—Lucas 2.7

Cuando María estaba por tener su bebé, José tuvo que viajar a su pueblo natal, Belén. Pero allí no quedaba alojamiento para ellos.

En un establo donde se guardaba a los animales, nació el bebé de María, el Hijo de Dios.

En el silencio de la noche, llegó Él, el regalo de Navidad de parte de Dios, Aquel que salvaría al mundo.

JESÚS TE LLAMA

El mensaje de la Navidad es mi nacimiento.
Dejé todas las riquezas del cielo para nacer
en un establo. Cualquiera que cree en mí
se transforma en un *hijo de Dios*.

Esto les servirá de señal: hallarán a un Niño
envuelto en pañales y acostado en un pesebre.

—Lucas 2.12

En los campos cercanos, había pastores cuidando sus rebaños.
De repente, se les apareció un ángel del Señor, y la gloria de Dios
brillaba a su alrededor.

«No tengan miedo —dijo el ángel—. Les traigo buenas noticias
que serán de mucha alegría para todos. Hoy en Belén, la ciudad
de David, ha nacido el Salvador. Él es el Mesías, Cristo el Señor».

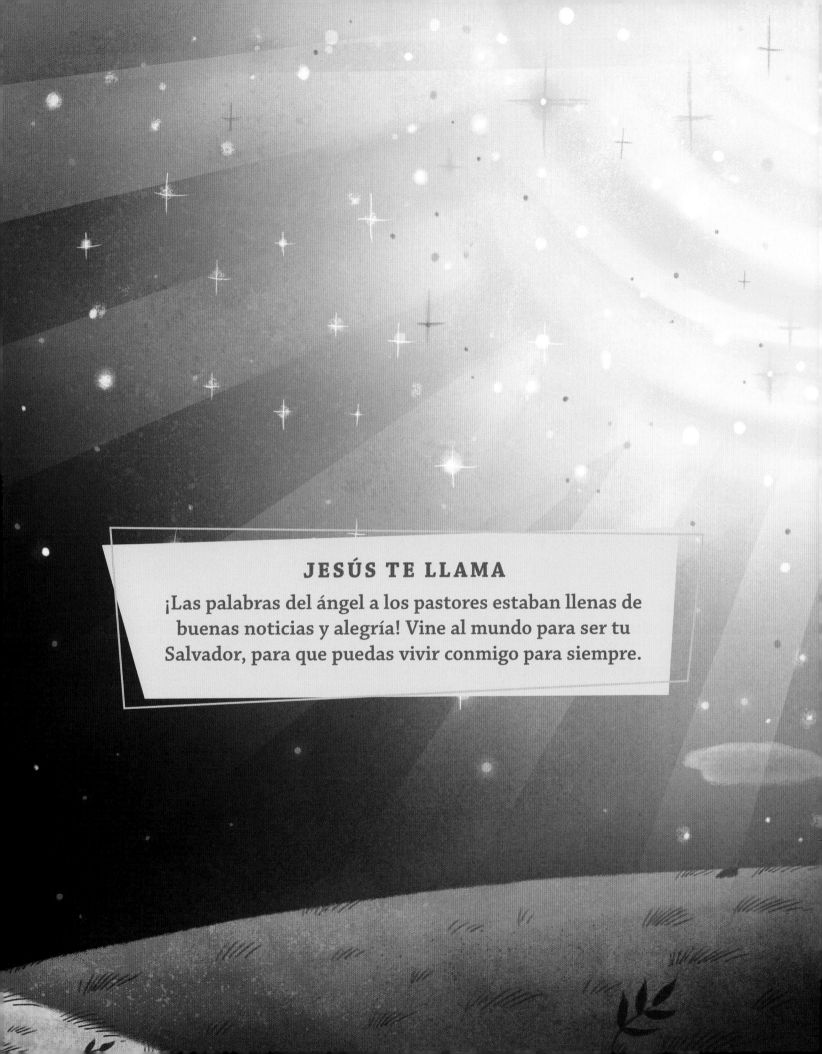

JESÚS TE LLAMA

¡Las palabras del ángel a los pastores estaban llenas de
buenas noticias y alegría! Vine al mundo para ser tu
Salvador, para que puedas vivir conmigo para siempre.

Unos hombres sabios de oriente siguieron una estrella brillante. La estrella los guio hasta Jesús, ¡y se alegraron muchísimo! «Vinimos a adorar a tu hijo», le dijeron a María. Le llevaron regalos de oro, incienso y mirra, y lo adoraron.

JESÚS TE LLAMA

La Navidad es la época para estar alegres, porque marca el momento en que vine a la tierra y viví en tu mundo. ¡Soy el regalo más maravilloso!

... de Egipto llamé a Mi hijo.

—Oseas 11.1

El ángel del Señor volvió a aparecerse a José en un sueño y le dijo: «¡Debes escapar a Egipto! Toma al bebé y a su mamá. El rey Herodes está planeando matar a Jesús. Tendrán que quedarse allí hasta que les diga que regresen».

José obedeció. Se llevó a su pequeña familia y huyeron a Egipto para estar a salvo.

JESÚS TE LLAMA

Tienes que estar dispuesto a seguirme donde te guíe. Aun cuando mi camino pueda darte miedo, el lugar más seguro para estar es cerca de mí.

«Cree en el Señor Jesús,
y serás salvo».

—Hechos 16.31

Cuando ya era seguro volver, José llevó a su familia a una ciudad llamada Nazaret, en Galilea.

Jesús creció fuerte y sabio. Les enseñaba a todos sobre Dios y su reino. Jesús amó a las personas más que cualquier otro que haya vivido sobre la tierra. Murió para que todas las cosas malas que hacemos puedan ser perdonadas y podamos vivir con Él en el cielo para siempre.

JESÚS TE LLAMA

En esta época de dar y recibir regalos, ¡recuerda que el mejor regalo de todos es la vida que durará para siempre!

Miren cuán gran amor
nos ha otorgado el Padre:
que seamos llamados hijos de Dios.
—1 Juan 3.1

Esta Navidad, recuerda que Dios te ama tanto que envió a su Hijo, Jesús, al mundo para poder estar contigo para siempre.

Dios te ama más de lo que podrías imaginar.

Su regalo glorioso de la Navidad es para ti.

JESÚS TE LLAMA

¡Hice todo esto por ti porque te amo
más de lo que puedes imaginar!

Yo soy el SEÑOR tu Dios, pero también quiero ser tu mejor amigo. Como tu amigo, siempre estoy aquí para ayudarte. Juntos, podemos enfrentar cualquier cosa: tiempos buenos, momentos tristes o felices, días tranquilos y aventuras.

Puedo ser tu *mejor* amigo porque soy perfecto; siempre hago lo mejor para ti. Incluso cuando no entiendes lo que estoy haciendo en tu vida, es importante que confíes en mí. Cuando te sientas herido o confundido, intenta decir: «No entiendo, Jesús, pero confío en ti». Recuerda que *siempre estoy contigo, tomándote de la mano derecha*. He prometido guiarte toda tu vida; y después, te llevaré al cielo a vivir conmigo para siempre.

¡Y todo esto porque te amo! Mi amor por ti es tan grande que dejé el cielo para venir a tu mundo en aquella primera Navidad. Es tan grande que morí en la cruz para salvarte de tus pecados. ¡No hay otro amigo como yo!

«Nadie tiene un amor mayor que este: que uno dé su vida por sus amigos».

—Juan 15.13